Christa Pfafferott

Die Ecke

Das Foto vom 4. April 1945

Inhaltsverzeichnis

Historisches Bild der Ecke Speringsberg/Heyeröderstraße.

Einleitung

Es ist ein warmer Sommer. Die Schwalben fliegen in Scharen in Oberdorla, einem kleinen Ort in Thüringen. Zwitschernde, flirrende Flüge. Ein fortwährendes Vor und Zurück, nach einer verborgenen Ordnung. Sommer-Stimmung. Zeit, dicht wie ein Film. In der ich mich noch nicht traue, einen Film zu machen.

Ich stehe mit einem Schwarz-Weiß-Foto an der Straßenecke Sperlingsberg/Heyeröderstraße. Ich blicke auf das Foto von damals – und auf die Ecke heute.

Kaum etwas scheint sich verändert zu haben. Die Hausfassade ist fast die gleiche geblieben.

Auf dem historischen Bild fährt ein Panzer die Straße hinunter. Zwei Soldaten verstecken sich an der Hauswand, einer läuft über die Straße. Ein Soldat liegt bewegungslos auf dem Boden.

Ich bin nach Oberdorla gefahren, nachdem ich dieses Foto im Internet entdeckt habe. Jemand hatte dieses Schwarz-Weiß Bild koloriert. Eine andere Person hat die Szenerie aus der gleichen Perspektive im Heute fotografiert. Der Vergleich dieser Darstellungen – der kolorierten Straßenecke von damals und dem Bild von heute – ging in sozialen Netzwerken viral.

In der heutigen Szenerie ist der Krieg fort. Aber in der Gegenüberstellung wirkt es, als könnte er jederzeit wieder passieren. Warum? Was liegt hier noch?

Unweit der Ecke ist an der Straßenseite ein Denkmal für den erschossenen Soldaten aufgestellt. Ein massiver Stein mit der Inschrift: Pfc. Robert V. Wynne. 6th Armd Div. Third US Army. 4. April 1945: Sein Todesdatum.

Ich gehe die Straße Sperlingsberg hinunter. Zu den Häusern an den Rändern des Bilds, die man darauf nicht sieht. Hinter einem Holzzaun vor einem alten Haus gurren Tauben. Ich klingle. Niemand macht auf. Ich schaue hinauf zur Straßenecke, wo damals der tote Soldat lag.

Erst einmal reise ich aus Oberdorla fort. Es ist, als hätte ich an der Oberfläche gekratzt und wäre erschrocken von den Splittern, die mir in die Hände fallen. Darunter liegt eine noch undurchdringliche Schicht. Doch das Foto lässt mich nicht los: Von diesem Tag an werde ich immer wieder an die Ecke zurückkehren.

Der Vergleich der Bilder, durch den es heute wirkt, als wäre der Krieg einfach wegradiert, als hätte es ihn nie gegeben, steht für mich wie ein Symbol für ein Verschwinden:

Wir befinden uns derzeit, mehr als 77 Jahre nach Kriegsende, in einem Stadium der »Lücke«, in dem die letzten Zeitzeug*innen des Zweiten Weltkriegs und der Shoah sterben.

Als »Lücke« bzw. »floating gap« bezeichnet der Wissenschaftler Jan Assmann die Zeit, in der die mündliche Erinnerung an ein Ereignis verschwindet, wenn es keine Menschen mehr gibt, die davon persönlich erzählen können.

Dieses Stadium ist eine sensible Zeit, in der sich Vergangenes zu wiederholen droht. Nachdem ich in Oberdorla war, bin ich in das Konzentrationslager Buchenwald in Thüringen gefahren und habe an einer Führung teilgenommen. Die Besucher*innenführerin sagte: »Wenn eine Generation an Zeitzeugen wegstirbt, dann kippt es, dann schlägt das politische Klima wieder um. Und die Zeugen sterben jetzt«. Die »Lücke« entsteht aktuell genau jetzt in unserer Zeit.

Meine Generation der Kriegsenkel ist die letzte Generation, die noch Kontakt zu Zeuginnen und Zeugen des Zweiten Weltkriegs hat. Den Menschen, die sagen können, so haben wir es erlebt. In deren Augen wir den Schmerz sehen, die Erfahrung des Kriegs. Die Großeltern, die zu weinen anfangen, wenn sie vom Krieg erzählen oder verstummen. Die sagen: Das kann man nur verstehen, wenn man es erlebt hat.

Wir sind die letzten, die zuhören können. Wenn die Zeuginnen und Zeugen in diesen Jahren sterben, geht das persönliche Erleben der Geschehnisse verloren.

Die kommenden Generationen könnten fragen: Woher nimmst du die Gewissheit, dass es so war, wenn die Menschen, die es authentisch machen, fehlen.

Wie können wir uns mit den Geschehnissen von damals verbinden? Wie die Erinnerung für nachfolgende Generationen lebendig halten? Wir leben ja noch in den Kulissen und mit dem immateriellen Erbe.

Mit diesen Fragen beschließe ich sichtbar zu machen, was an dieser Ecke in Oberdorla noch von diesem Foto liegt.

Foto: Christa Pfafferott

Damals und heute: Foto von 1945 vor der gegenwärtigen Straßenecke.

Der Film »Die Ecke«

Ausgehend von dem Foto der Straßenecke entwickelte sich schließlich eine lange und aufregende Geschichte, mit der ich so nie gerechnet hätte.

Nach meinem Besuch an der Ecke beginne ich zum Foto in Archiven und Büchern zu recherchieren: Das Foto von dem erschossenen Soldaten an der Ecke ist zum Titelbild vieler amerikanischer Zeitungen geworden und wurde von der Army Pictorial Services zu einem der hundert besten Kriegsfotos gekürt.

Das Bild wurde am Mittwoch, dem 4. April 1945 aufgenommen, kurz vor Ende des Zweiten Weltkriegs. Die sechste Division der dritten US-Armee zog von Frankreich bis in den Osten Deutschlands und stand schließlich auf den Feldern vor dem Ort Oberdorla.

Anders als die meisten anderen Dörfer hisste Oberdorla nicht sofort die weiße Flagge, um sich zu ergeben. Eine Zeitzeugin, die ich später im Film interviewte, berichtet, dass sie im Dorf »das Schießen« der Amerikaner vom Wald her hörten.

Als Fotograf des Fotos der Ecke ist Charles Eugene Sumners überliefert. Seine Schwägerin Ann Sumners hat seine Erinnerungen zum Krieg in den Memoiren »Darkness Visible« herausgegeben. Darin beschreibt Sumners auch, wie er an der Straßenecke in Oberdorla stehenblieb und das Foto schoss.

Ich nehme Kontakt zu den Nachfahren von Sumners in Amerika auf und schreibe Mails nach Alabama, zuerst zu Sumners Schwägerin, die seine Memoiren herausbrachte, dann zu seinen Kindern:

In einem Videogespräch erfahre ich mehr über Charles Sumners. Er war 21 Jahre alt, als er das Bild schoss. Fast noch ein Junge, den der Krieg ins ferne deutsche Dorf Oberdorla geführt hatte.

Vom Westen aus war die Truppe immer weiter in den Osten vorgedrungen. Sumners hat die Truppen fotografiert, nach Frankreich dann auch in Deutschland und in Oberdorla: Amerika war in diesem Ort fern. Hier konnten sie kein Englisch und hatten noch nie »People of Colour« gesehen. Dann brachte der Krieg Amerika ins Dorf.

Charles Sumners war kein Soldat. Er war hier als Fotograf. Einer, der Bilder schoss. Das Fotografieren hatte er bei der Army gelernt, aber vor allem von Russ Meyer, wie er in seinen Memoiren schreibt. Russ Meyer, dem jungen Mann, der neben ihm mit seiner Filmkamera das Geschehen filmte, ein gutes Gespür für Bilder hatte, und das an Sumners weitergab.

Durch Russ Meyer existiert auch Filmmaterial von Oberdorla, auf das ich stieß. Es zeigt, wie die Amerikaner mit den Panzern vom Wald und den Feldern hinunter ins Dorf durch die Heyeröderstraße laufen. Dann erreichen sie die Straßenecke Sperlingsberg. Damit liegt rechts eine Straße, ein kurzes offenes Stück, in dem nicht alles zu überblicken ist.

Nach Charles Sumners Memoiren stoppt er hier:

Sein Film ist leer. Er wechselt ihn, ein Soldat geht vor ihm über die Straße.

Dann ein Schuss. Der Mann fällt.

Nach Überlieferung starb Robert V. Wynne aus Texas. Er war zu diesem Zeitpunkt 19 Jahre alt.

Klick. Charles Sumners macht ein Bild.

Sumners schreibt »Hätte ich nicht gestoppt, um meine Kamera zu laden, ich wäre wohl an seiner Stelle erschossen worden.«

Ich frage die Kinder Sumners nach ihrem Vater. Sie sind hilfsbereit, wollen gerne Auskunft über das Foto geben. Das Bild blieb eins der wichtigsten Bilder seines Lebens. Sie wissen das.

Shane, der Sohn von Charles Sumners, war sogar nach dem Tod seines Vaters an die Ecke in Oberdorla gereist. Er schickt mir ein Bild von sich, wie er mit den Memoiren seines Vaters vor dem Monument an der Ecke steht.

Die Kinder senden mir auch Fotos davon, wie Charles mit seinem Freund Russ Meyer nach Europa als ältere Männer zurückkehrten. Wie sie Deutschland und auch wieder die Straßenecke in Oberdorla besuchen, an der sie einst im Krieg standen. Auch die beiden kamen wieder an die Ecke zurück.

Russ Meyer ist nach dem Krieg mit sogenannten Sexploitation-Filmen in Hollywood international berühmt geworden. Er soll mit seinen Filmen wie »Faster Pussycat! Kill! Kill!«, die starke Frauen zeigen, sogar Filmemacher wie Quentin Tarantino beeinflusst haben. Ein späterer Hollywood-Regisseur hat also als junger Mann zu dem Zeitpunkt an der Ecke gedreht, als das Foto entstand.

Nachdem sie Oberdorla 1945 verließen, kamen Charles Sumners und Russ Meyer mit ihrer Division auch im Konzentrationslager Buchenwald an. Charles Sumners fotografierte auch dort. In seinen Memoiren sind Fotos von den vielen Toten zu sehen, die sie im Lager vorgefunden haben.

Seine Tochter erzählte mir, wie nahe sie ihrem Vater gekommen war, als sie mit ihm über seine Erlebnisse dort sprach. Wie sehr ihn diese Ereignisse geprägt haben.

Ich spüre die Tiefenschichten, die mit dem Bild verbunden sind und die sich immer mehr freilegen, je länger ich suche.

Um eine bessere Qualität des Bilds zu erhalten, frage ich nach dem Originalabzug von Charles Sumners im National Archive in Washington. Dort erlebte ich eine Überraschung.

Beim National Archive erhalte ich die Information, dass Sumners nicht der Fotograf des Bilds sei, wie es überall überliefert ist. In den Archiven ist zu dem Original-Negativ ein T. C. Romero verzeichnet. Dazu senden sie mir aus Washington auch einen Beleg.

Ich nehme Kontakt zu den Kindern von T. C. Romero auf. Seine Tochter Lee sagt mir in einem Videogespräch, das ich mit ihr in die USA führe, dass ihr Vater nicht viel vom Krieg erzählt habe. Sie weiß auch nichts von dem Foto an der Straßenecke, zu dem ihr Vater im National Archive als Verfasser verzeichnet ist. Doch sie sucht nach anderen Bildern und kann belegen, dass ihr Vater weitere Fotos aus Oberdorla auch im Format wie dem Foto der Ecke, geschossen hat.

Wer ist nun der Fotograf des Bilds?

»Geschichte macht aus uns das, was wir sind«, sagt Lee. »Wenn wir uns erinnern, könnten wir uns besser verstehen lernen, wer wir sind und warum.«

Die Gespräche über ihren Vater scheinen in den Kindern etwas auszulösen.

Ihr Bruder Mike schickt mir schließlich einen Kurzfilm, in dem er Bilder von seinem Vater animiert und dazu einspricht:

»Viele Männer, die den Krieg erleben, sprechen nicht viel darüber. In gewisser Weise hat Papa jedoch über den Krieg gesprochen.«

Mike beschreibt, was geschah, wenn sie als Kinder ihren Vater aus dem Mittagsschlaf weckten:

»Wir sahen den Blick in seinen Augen und wie er sich schnell aufsetzte. Er sah aus, als wäre er erschrocken und bereit zur selben Zeit. Als würde er schnell aus der Situation aufbrechen können. Dann war er innerhalb von Sekunden wach und wusste, dass er an einem sicheren Ort war. Dies waren aus dem ›Schlaf-Aufwach-Momente‹.«

Der Krieg u. a. in Oberdorla hat auch einem Mann weit entfernt in den USA noch Jahre später geprägt und seine Kinder konnten noch seine Erinnerungen an den Krieg in seinen Augen sehen.

Bei meiner weiteren Recherche stoße ich in einem historischen Band auf ein zweites Foto der Szenerie: Es zeigt die gleiche Ecke, aber aus einer anderen Perspektive.

Dieses Foto wirkt weniger bewusst komponiert. Hier blickt der Soldat den Sperlingsberg hinunter, anders als auf dem berühmt gewordenen Foto, wo die beiden Soldaten an der Hauswand in die andere Richtung schauen.

Was ist mit dem bekannt gewordenen Foto? Wurde es wirklich unmittelbar nach dem Schuss aufgenommen, wenn es

Weiteres Bild der Ecke.

noch ein zweites gibt? Könnte es etwa sein, dass das berühmte Foto gestellt wurde? Dass die Fotografien von zwei verschiedenen Fotografen gemacht worden sind?

Ich erzähle auch den Kindern Sumners von meinem Fund im National Archive. Sie behaupten fest, dass ihr Vater das Foto gemacht habe.

Durch diese verschiedenen Recherchen sehr bewegt beschließe ich einen Film zur Ecke zu machen und gehe auf zwei Spuren vor: Ich frage die Bewohner*innen an der Ecke nach ihrer Verbindung zum Bild, und ich recherchiere weiter zu den Hintergründen des Fotos.

Foto: Christa Pfafferott

Aufnahme vom Sperlingsberg früher, Besitz: Anwohnerin Marie.

Foto: Christa Pfafferott

Sperlingsberg von unten.

Recherche vor Ort

Mit einer Kollegin und einer Kamera im Gepäck filme ich nun das erste Mal an der Ecke: Wir sprechen mit einem Bewohner, der sich mit der Geschichte des Dorfes auskennt. Er führt uns an die Stelle, von wo der Schütze nach Überlieferungen eines Zeitzeugen geschossen haben soll: Ein Mast am Sperlingsberg, hinter dem sich der Schütze versteckt haben soll.

Während wir filmen, kommt uns eine ältere Dame ins Bild gelaufen.

Ich fragte sie, ob sie sich auch noch an das Ereignis erinnern könnte und sie antwortet:

»Ja natürlich. Ich hab ja sogar noch den Soldaten gesehen.«

»Sie haben den toten Soldaten gesehen«, fragte ich.

»Ja, ich war damals fünf Jahre«, sagt sie.

Sie erzählt, dass ihr Vater 361 Tage vor dem toten Soldaten gefallen sei. Sie bringt den Tod ihres Vaters interessanterweise sofort mit dem toten Soldaten an der Ecke in Bezug.

Sie erzählt, dass sie mit ihrer Mutter zu der Leiche des Soldaten gelaufen sei, die abgedeckt gewesen war. Die Mutter hätte die Plane zurückgezogen und sie hätten dem toten Soldaten ins Gesicht gesehen. Er hätte einen Kopfschuss zwischen den Brauen gehabt. »Hier«. Die Dame zeigt mit ihrem Zeigefinger auf die Mitte ihrer Stirn. Dann sei die Feldgendarmerie gekommen und ihre Mutter und sie wären davon gelaufen.

»Es ist gut, dass wir sowas nicht erleben und unsere Kinder auch nicht«, sagt sie. »Aber leider, leider juckt manchen der Hintern. Weil sie gar nicht wissen, was es damit auf sich hat, Krieg.«

Ich habe nun eine direkte Zeitzeugin des Geschehens gefunden. Nach dieser Begegnung wird die Anwohnerin Marie eine der Haupt-Protagonistinnen meines Films.

An der Ecke fühlen sich neben Marie weitere ältere wie junge Bewohner*innen mit dem Ereignis verbunden:

- Manfred saß als dreijähriger Junge im Keller des Hauses an der Ecke Sperlingsberg und hörte dort die Schüsse und die Panzer der Amerikaner.
- Jeannine, die etwas oberhalb der Ecke wohnt, sieht im Archivmaterial, das wir ihr zeigen, wie amerikanische Soldaten im April 1945 in ihr Haus gehen. Es sind noch Einschusslöcher in ihrem Hoftor zu sehen.
- Hans-Martin hat vor seinem Haus das Denkmal des amerikanischen Soldaten stehen. In seinen Vorgarten wurde der tote Soldat verlegt. Seine Eltern sahen ihn damals. Er bewahrt das Foto des Soldaten der Ecke als Erinnerung in seinem Nachtschrank auf.

Wie erinnern wir uns? Bei meinen Recherchen vor Ort wird deutlich, wie sehr sich Erinnerungen unterscheiden können:

Während sich Marie sicher ist, dass der Soldat einen Kopfschuss gehabt haben muss, meint ein anderer Bewohner Oberdorlas, dass dies aufgrund von Zeitzeugenberichten gar nicht sein kann.

So verschieden die Erinnerungen auch sind. Der tote Soldat verleiht der Ecke Identität. Bis heute erinnern sich alle an ihn und die Erzählung um ihn wird weitergegeben. Es wird immer deutlicher, wie sehr der tote Soldat in den Ort eingeschrieben ist.

Mit dem Film soll diese Erinnerung an ihn und die Verbindungen, die um ihn und das Bild bestehen, sichtbar gemacht werden. In einer Zeit, in der die letzten Zeitzeug*innen des Zweiten Weltkriegs sterben, erzählt der Film davon, wie sehr wir noch mit den Geschehnissen von damals verbunden sind, wie tief ein Krieg wirkt, und wie bedeutsam Erinnerung auch dafür ist – um den Frieden zu erhalten.

Forensische Erinnerungsarbeit

Durch meine Gespräche mit Zeitzeug*innen möchte ich noch genauer herausfinden, wie die Szenerie auf dem Foto entstanden sein könnte. Ich frage mich, ob man exakt verifizieren könnte, woher der Schuss kam und wie sich das Geschehen ereignet hat. Daher frage ich den Forensiker Prof. Dirk Labudde von der Hochschule Mittweida für eine Zusammenarbeit an.

Labudde setzt neueste digitale Methoden ein, um weit zurückliegende Kriminalfälle zu rekonstruieren und so aufzudecken. Er rekonstruiert das Geschehen in einem dreidimensionalen Computerraum, um nachzuvollziehen, was genau geschah.

Ich zeige ihm das bekannte Bild der Ecke und auch das zweite Foto, das ich von der Szenerie gefunden habe.

Forensische Arbeit: Filmstill »Die Ecke«.

Prof. Labudde wirft die Frage auf, ob das berühmte Foto, die Szene um den Toten mit dem Panzer und den Soldaten, etwa nachträglich entstanden sein könnte, als schon etwas Zeit vergangen war.

Könnte es sein, dass das zweite Bild der Ecke, das ich gefunden hatte, unmittelbar nach dem Schuss entstand? Denn hier blickt der Soldat in die Richtung, aus der nach Überlieferung des Zeitzeugen der Schuss kam, anders als auf dem berühmten Foto, wo die Soldaten in die andere Richtung schauen. Das zweite Foto wirkt auch weniger bewusst komponiert.

Auf dem bekannten Foto bildet die Deichsel des Leiterwagens einen goldenen Schnitt im Raum. Wurde das Bild hier für ein interessanteres Motiv ›gestellt‹? Mit dem zweiten Foto entwickelt sich das Foto im Film zum »ungewissen Bild«.

Ich lade Prof. Labudde mit seinem Team an die Straßenecke ein und bitte ihn, den Ort wie sonst bei seinen kriminalistischen Fällen zu untersuchen.

Labudde ermittelt an der Ecke, ähnlich wie sonst bei seiner Tatort-Arbeit. Er legt einen Dummy als Imitation des Toten auf den Boden. Mithilfe von Drohnenaufnahmen fertigt er einen

Nachstellung des historischen Fotos für den Film »Die Ecke«.

Drohnenaufnahme der Ecke.

dreidimensionalen Computerraum des Orts an. Sein Ziel ist es, mit dieser Vermessung und dem Archivmaterial einen Raum wie zu der Zeit von 1945 zu kreieren und so die Geschehnisse nachzuvollziehen. In seiner Rekonstruktion berücksichtigt er auch die Erinnerungen der Bewohner*innen.

In dem Modell soll man sich schließlich wie in einem Videospiel bewegen können. Ziel ist es, dass so die Aktivität der Personen auf dem Foto analysiert werden können und mit der digitalen Technik bislang Verborgenes sichtbar wird. So soll nachvollziehbar werden, was die Soldaten auf dem Foto aus ihrer Perspektive gesehen haben könnten.

Als wir in Oberdorla mit Prof. Labudde filmen, ist es, als würden wir die alte Zeit wieder an den Ort zurückbringen. Wir rollen das Geheimnis neu auf, das um den Soldaten und das Geschehen liegt. Die Straße wird abgesperrt, Radio, Fernsehen und Zeitung kommen.

Viele Bewohner*innen sind involviert. Marie sucht alte Fotos heraus und zeigt Prof. Labudde die Stelle, von der angeblich der Schuss fiel. Es ist, als hätte sie darauf gewartet, dass sie ihre Geschichte erzählen kann. Ein Anwohner bringt eine alte US-Decke, von der er meint, dass diese noch von 1945 aus dem Krieg sei.

Während das forensische Team im Dorf ermittelt, kommen neue Erinnerungen hoch. Marie ist sehr berührt, als sie sich an das Ereignis erinnert.

Auch durch die Arbeit von Labudde wird noch einmal deutlich, wie sehr ein Krieg in Menschen und in die Gegenwart wirkt. Und wie viele Erinnerungen und unterschiedliche Wahrheiten noch Jahrzehnte später zu einem einzelnen Ereignis des Kriegs existieren.

Prof. Labudde reist zunächst ab, um an der Hochschule den virtuellen Raum zu rekonstruieren. Er möchte anschließend mit den Ergebnissen wiederkommen, um so den Bewohner*innen die Möglichkeit zu geben, die Vergangenheit neu wahrzunehmen. Dabei findet auch eine neue Form der Erinnerung durch die virtuelle Realität statt. Spannend ist jetzt: Können die digitalen Verfahren die Wirklichkeit von damals erfassen?

Erinnerung durch internationale Begegnung

Bei meinen weiteren Recherchen überrascht schließlich vor allem die enge Verbindung von zwei jüngeren Menschen zu dem Bild von 1945.

Als ich nach Nachfahren des toten Soldaten an der Ecke suche, finde ich schließlich zusammen mit einem Kollegen Robert Culverhouse aus Texas.

Er ist zum Zeitpunkt der Dreharbeiten 34 Jahre alt und ein Großneffe des verstorbenen Soldaten. Als ich ihn kontaktiere, hat er von dem Foto der Ecke noch nie gehört. Dabei ist Robert Culverhouse auf besondere Weise eng mit dem Schicksal seines Großonkels Robert V. Wynne verbunden. Sämtliche Hinterlassenschaften des toten Soldaten hat er geerbt. Sie sind in der Familie an ihn weitergegeben worden. Darunter sind viele Fotos von Robert Wynne und auch die Briefe, die Wynne aus dem Krieg in Deutschland nach Hause geschickt hat, sowie eine Autobiografie, die er in der Highschool geschrieben hat. In seinem Haus in Texas hat Robert Culverhouse eine Art Schrein mit den Gegenständen von Robert Wynne aufgebaut.

Robert Culverhouse besitzt alles, um dem toten Soldaten auf dem Bild erstmalig ein Gesicht geben zu können.

Als ich Robert für den Film an die Ecke nach Oberdorla einlade, reist er tatsächlich von Texas an, um das Erbe seines Großonkels weiterzutragen und bringt alle Briefe und Gegenstände von Robert Wynne mit.

Es ist, als würde den jungen Robert etwas an die Ecke ziehen, als wollte er begreifen, warum er sich mit dem Schicksal seines Verwandten so verbunden fühlt.

Filmstill »Die Ecke«: Großneffe Robert des verstorbenen Soldaten geht den gleichen Weg ab wie sein Großonkel 1945.

Zusammen mit Robert stellen wir uns zunächst auf das Feld, auf dem auch die Amerikaner damals vor Oberdorla standen. Robert zieht dort die Armbanduhr an, die Robert Wynne auch an dem Tag getragen hat, als er in Oberdorla starb.

Robert sagt, wie berührend es sei, nun auf das zu blicken, was Robert Wynne vor seinem Tod gesehen haben muss. Und er führt aus, was für eine besondere Verbindung zwischen ihm und seinem Großonkel besteht: Robert ist nach Robert Wynne benannt worden. Er ist aus der gleichen Kleinstadt Eastland in Texas, war wie er bei den Pfadfindern, hat ein Interesse für Geschichte.

Als Robert schließlich an die Ecke hinuntergeht und dort erstmalig das Denkmal für seinen Großonkel sieht, von dem er bislang nichts gewusst hatte, ist er tief berührt.

Er trifft die Bewohner*innen an der Ecke, die von ihren Erinnerungen zum toten Soldaten und zum Krieg erzählen. So besucht er Marie zuhause, die von ihrem Vater spricht, der 361 Tage vor Robert Wynne gefallen ist. Und sie erzählt ihm, wie sie mit ihrer Mutter seinen Großonkel gesehen hat. Beide verbinden sich durch die Begegnung neu mit dem Erlebnis.

Robert baut auf der Heyeröderstraße einen Tisch neben dem Denkmal auf und zeigt den Bewohner*innen die Hinterlassenschaften Robert Wynnes.

Die über 90-jährige Leni kommt. Sie erzählt von ihrem Bruder, der im Krieg gefallen ist. Durch den toten Soldaten, den sie mit einer Plane bedeckt an der Ecke sah, fühlte sie sich damals an ihren Bruder erinnert.

Im Film liest Robert auch die Briefe von Robert Wynne vor: „Ich werde Euch jetzt wohl nicht mehr so viel schreiben, weil wir schnell vorrücken. Aber macht euch bitte keine Sorgen um mich. Verglichen mit dem Kampf, in dem ich verwundet wurde, ist das hier ein Picknick. Alles Liebe, Bob"

Der Vater von Robert Wynne, der mit ihm sehr verbunden war, schreibt seinem Sohn Briefe zurück. Kurz nach dem Tod seines Sohns starb auch er. Robert Culverhouse erzählt, dass man in seiner Familie sagt, er sei an einem gebrochenen Herzen gestorben.

In seiner Autobiografie bewegen Robert Wynne viele Fragen: »Wer bin ich? Wer waren meine Vorfahren? Woher kamen sie und was haben sie gemacht?"

Robert Wynne stellt sich auch seine Zukunft vor: Wie er Chemie studieren will, wann er heiraten möchte. »Ich werde mindestens 75 Jahre alt werden. Auf jeden Fall werde ich jede Minute meines Lebens genießen.... Ich hoffe, dass sich nur meine guten Vorhersagen bewahrheiten und dass die schlechten nicht eintreten.«

Durch Robert Culverhouses Besuch wird deutlich, was für ein Mensch der tote Soldat auf dem Bild gewesen sein könnte. Was er fühlte und welche Folgen sein Tod für seine Familie hatte. Auch die Auswirkungen des Kriegs auf die Bewohner*innen werden durch Robert Culverhouses Besuch noch sichtbarer. Auch durch diese Form der Begegnung kann Erinnerung aufrecht gehalten und weitergelebt werden.

Doch die Identität des Soldaten Wynne ist auch zweifelhaft: Es stellt sich heraus, dass noch zwei andere amerikanische Soldaten an dem Tag in Oberdorla gefallen sein sollen.

Und auch ein anderer Soldat ist als Toter namentlich nahe der Ecke überliefert.

Ich treffe zusammen mit Robert Culverhouse und einem der Initiatoren des Denkmals an der Ecke. Ich frage, warum sie sicher waren, dass Robert V. Wynne der Gefallene auf dem Foto war. Er sagt, dass ihnen damals dieser Name von der Armee genannt worden war. Eine hundertprozentige Sicherheit gäbe es natürlich nie.

Robert Culverhouse sagt, dass es für ihn auch nicht wichtig sei, ob Robert Wynne der Tote vom Foto sei. Selbst wenn er nicht der Soldat sei, sei doch gewiss, dass er in Oberdorla gefallen ist und dass es ein Denkmal für ihn gibt, wofür er sehr dankbar ist.

Der Fotograf des Fotos, der Soldat auf dem Bild: Je mehr ich recherchiere, umso weniger scheint eine eindeutige Wahrheit möglich zu sein. Doch indem wir die Namen, an die wir uns erinnern, neu aufwerfen, bleibt die Erinnerung an das Geschehen lebendig.

Erinnerung durch künstlerische Auseinandersetzung

Ich recherchiere auch, wer das Schwarz-Weiß-Bild koloriert und ins Internet gestellt hat, wodurch das Foto in Gegenüberstellung mit der heutigen Ecke viral ging und Jahrzehnte nach dem Krieg noch einmal bekannt wurde.

Es ist Sanna Dullaway, eine junge Schwedin, die so fasziniert von dem Schwarz-Weiß-Bild der Ecke war, dass sie es kolorierte.

Kolorierung des historischen Bilds der Ecke: Sanna Dullaway.

Ich lade auch Sanna Dullaway an die Straßenecke ein. Dort koloriert sie das Foto der Ecke am Computer erneut, wobei ihr die Bewohner*innen zusehen. Ebenso koloriert sie ein Schwarz-Weiß-Portrait von Robert Wynne, das Robert Culverhouse aus Texas mitgebracht hat.

Durch Sanna Dullaway sehen die Zuschauer*innen im Film schließlich nach der Überlieferung das erste Mal das Gesicht des Soldaten. Mit ihrer künstlerischen Auseinandersetzung erhält er nun ein Gesicht.

Sanna Dullaway erzählt im Film, wie sie mit ihrer Arbeit die Erinnerungskultur lebendig halten möchte: »Als ich dieses Foto sah, wusste ich sofort, dass ich es kolorieren musste... Wenn ich ein Foto koloriere, spüre ich, dass so eine stärkere Verbindung dazu entsteht, weil alle in Farbe sehen. Die zwei oder drei Generationen vor uns sind eher an Schwarz-Weiß-Fotos gewöhnt, weil sei damit aufgewachsen sind und sie eine Verbindung dazu haben. Aber wir nicht, weil wir mit Farbe aufgewachsen sind. Ich denke, dass das Kolorieren von alten Fotos diese Verbindung stärken kann. Und ich glaube, das habe ich mit diesem Foto getan.«

Erinnerung der Zukunft

Robert Culverhouse reist nach den Dreharbeiten in Oberdorla weiter zum amerikanischen Soldatenfriedhof Margraten in den Niederlanden, wo sein verstorbener Großonkel Robert Wynne begraben liegt.

Dort möchte er eine Frau treffen, die das Grab von Robert Wynne adoptiert hat und sich darum kümmert. Sie legt dort, ohne mit ihm verwandt zu sein, zu Wynnes Geburtstag und zu seinem Todestag Blumen für ihn ab. Sie wird die Adoption des Grabs an ihren Enkel vererben. Die Erinnerung um Robert Wynne geht also weiter. Überall auf der Welt, in den Niederlanden, in den USA, in Oberdorla sind Menschen mit dem Geschehen an dieser Ecke verbunden.

Am 8. Mai, zum Jahrestag des Kriegsendes 1945, kommt Prof. Labudde mit seiner Computer-Rekonstruktion und einer 3D-Brille an die Ecke zurück.

Die Bewohnerinnen und Bewohner ziehen die Brille auf und erleben den Krieg an der Straßenecke wie in einem Computerspiel.

Sie können virtuell die Straße hinunterlaufen, die Position des Schützen sehen, den Toten: »Mein Gott. Ich hab richtig weiche Knie«, sagt die Anwohnerin, die noch die Einschusslöcher der Amerikaner in ihrem Hoftor hat, als sie die 3D-Brille absetzt: »Also das so zu sehen, das ist echt der Wahnsinn. Da kann man nur hoffen, dass das nicht wieder passiert sowas.«

Ein Junge, der durch die 3D-Brille blickt, sagt, dass es gut wäre, so etwas im Geschichtsunterricht einzusetzen, weil man sich so den Krieg ganz anders vorstellen könne.

Im Film erläutert Professor Labudde, »dass er forensisch gesehen den kompletten Tathergang nicht rekonstruieren kann. Dazu seien die Möglichkeiten zu komplex, die Abläufe

Foto: Christa Pfafferott

nicht mehr chronologisch nachvollziehbar. Er sagt aber auch, dass es vielleicht nicht um das Ziel einer Wahrheit geht: Um die Position des Schützen oder den Einschuss der Patrone. Es ginge darum, wie sich diese Ecke an das Ereignis erinnert. Dass sie sich erinnert. Die Erinnerungen bauen die Wahrheit mit.«

Die Bewohner*innen können an das Geschehen von 1945 mit den digitalen Erkenntnissen neu erinnern. Gegenwart und Vergangenheit verbinden sich so wieder miteinander. Ein möglicher Moment von Verarbeitung entsteht, wenn die Bewohner*innen auf diese Weise mit dem Krieg an ihrer Ecke in Berührung kommen und sich darüber austauschen.

Gerade in der jetzigen Zeit der »Lücke«, in der die letzten Zeitzeug*innen des Zweiten Weltkriegs und der Shoah sterben, zeigt sich, wie bedeutsam eine lebendige Erinnerungskultur für unser Zusammenleben ist.

Als ich an der Straßenecke filmte, war von dem Ausbruch des russischen Angriffskriegs in der Ukraine noch nichts zu ahnen. Auf meine Frage, ob ein Krieg wie 1945 wieder geschehen könne, reagierten viele mit Unverständnis.

Damals wirkte ein neuer Krieg in Europa noch weit weg. Mit dem Krieg in der Ukraine haben Fragen um Krieg und Frieden nun leider eine neue Relevanz und Dringlichkeit bekommen.

Für die Erinnerung spielt das Medium Film und das, was durch Begegnung und auch durch eine künstlerische und virtuelle Aufarbeitung an Orten wie Oberdorla ausgelöst werden kann, eine wichtige Rolle.

Das Geschehen bewegt etwas in den Menschen, sie setzen sich so mit der Vergangenheit vor Ihrer Haustür neu auseinander. Medien können hier neue Anstöße schaffen und Prozesse auslösen wie dies insgesamt Kunst kann.

Wir sind jetzt die Zeuginnen und Zeugen. Wenn wir vergessen, würde unsere Geschichte verblassen und damit auch ein Stück unserer Identität. Erinnerungen verändern sich im Laufe der Zeit, doch sie bleiben lebendig, wenn wir etwas dafür tun.

Wir befassen uns dann nicht rückwärtsgewandt mit der Vergangenheit, wie es manche sagen, die meinen, man müsse die Vergangenheit auch mal ruhen lassen. Wenn wir uns erinnern, befassen wir uns mit dem Jetzt. Wir geben ihm Sinnhaftigkeit, ein Fundament.

Erinnerung wird dabei besonders lebendig am Schicksal einzelner, wie dies der Fall von Robert Wynne zeigt. Indem er als Mensch mit einer Geschichte betrachtet wird, bekommt auch Vergangenes eine Geschichte – ein Gesicht.

An uns ist es nun den nachfolgenden Generationen weiter zu erzählen was damals passiert ist. Oder wie Robert Culverhouse bei den Dreharbeiten sagte: Es geht im Leben darum, seine Geschichte zu erzählen. So sei es möglich dem Leben Wert zu geben.

In diesem Sinne lohnt es im Kleinen vom Großen zu erzählen. Dazu reicht eine Ecke.

Literatur

Assmann, Jan: Das kulturelle Gedächtnis, München 1992

Labudde, Dirk: Digitale Forensik, Köln 2022

Sumners, Charles Eugene, Hg. Sumners, Ann: Darkness Visible, McFarland 2002

Pfafferott, Christa: Wo der Sommer nicht hilft, in taz, Die Tageszeitung, 3.8.2018.

Film

Die Ecke, 90 Min., 2021, Buch und Regie: Christa Pfafferott Eine Koproduktion der Sinn Filmproduktion, Christa Pfafferott und MDR in Zusammenarbeit mit arte, gefördert mit Mitteln der Moin Filmförderung und der MDM-Filmförderung.